AF246132

# DISCOURS

## DE

# REVERCHON,

### ACCUSÉ DE LYON,

PRONONCÉS DEVANT LA COUR DES PAIRS

Le 30 Juin 1835.

---

**PRIX : 2 SOUS,**

AU PROFIT DES ACCUSÉS D'AVRIL.

---

## paris.

**PAGNERRE, ÉDITEUR**

DU PROCES DES ACCUSÉS D'AVRIL.

rue Bergère, 17.

**1835.**

PROCÈS DES ACCUSÉS D'AVRIL, publié de concert avec les accusés. — L'ouvrage formera environ trois volumes in-8°. Il a déjà paru un volume et demi. — Le prix de chaque demi-volume est de 1 fr. 25 c.

FAITS PRÉLIMINAIRES DU PROCÈS DES ACCUSÉS D'AVRIL. Un volume in 8°. — Prix : 2 fr. 50.

PORTRAITS DES ACCUSÉS D'AVRIL, grand format in-4°, papier vélin. — Prix : 5 sous.

*Les mêmes* in-8°, pareil format que la relation du procès, prix : 2 sous.

DISCOURS DE TRÉLAT, 16 pages in-8°. — Prix : 2 sous.

DISCOURS DE LAGRANGE, 16 pages in-8. — Prix : 2 sous.

IMPRIMERIE D'HERHAN ,
Rue St-Denis, 380.

# DISCOURS DE REVERCHON.

Messieurs, il faut que des hommes tels que nous, tels que moi surtout, soient bien pénétrés de leur droit, bien forts de leur conscience pour oser prendre la parole dans cette enceinte; et pourtant comment se taire en présence de tout ce qui se passe dans une procédure aussi incompréhensible qu'inextricable! Sans m'engager en rien dans les débats, sans reconnaître votre juridiction que je nie, contre laquelle je proteste autant que contre la déplorable jurisprudence que vous créez au besoin de la cause, je ne puis garder le silence.

La lecture que vous venez d'entendre doit vous convaincre que pendant neuf mois de suite, avant le 1<sup>er</sup> janvier, jour où je me suis volontairement constitué prisonnier, j'avais mûrement réfléchi sur ma position, ma conduite au procès était non moins arrêtée, que j'étais résigné à toutes les souffrances, à toutes les privations, à tout, enfin ce qui pouvait en être la suite.

Oui, messieurs, j'étais et suis encore prêt à supporter toutes les conséquences d'une démarche franche, hardie, consciencieuse, peut-être même téméraire. N'importe, je n'ai pas l'habitude de tourner une position; c'est en face que je me présente et attaque mon ennemi.

Je ne suis pas entré dans la lice pour détourner l'orage qui gronde sur ma tête, ni le glaive qui menace mes jours; j'y suis venu avec la franchise d'un soldat républicain, les affronter encore et présenter ma poitrine à l'ennemi qui m'a vaincu.

Si vous en doutez, messieurs, accordez-m'en la faculté, et ma conduite ultérieure pourra vous en convaincre; et, pourtant, je me crois sain de sens et d'esprit, malgré la qualification de fou dont M. Chegaray a cru devoir me gratifier; mais il est des hommes qui ne comprennent rien à ce que dictent et le cœur et la conscience.

Fort de sa conscience et de son droit, l'homme d'honneur, l'homme vertueux et patriote, celui qui aime son pays avant tout, ne recule jamais; il ne craint rien, il sait faire le sacrifice de sa personne, quand il croit ce sacrifice utile à ses semblables, à sa foi politique.

Ce n'est pas seulement pour moi que je prends la parole, c'est dans l'intérêt de tous; entre mes amis et moi il y a solidarité de consciences, comme il y a solidarité d'actions et de responsabilité.

Depuis bientôt quinze mois nous demandons justice, mais ce n'est pas devant vous, messieurs les pairs, que nous devons l'obtenir; vous n'êtes et ne serez jamais nos juges. Hommes politiques, c'est devant la justice du pays, c'est devant le jury que nous devions comparaître.

Celui qui dispose de la force en a décidé autrement. Sujets dévoués à votre maître, vous l'avez sanctionné par votre bon vouloir, et c'est ainsi que

tout dans ce procès n'est qu'une suite incessante de l'emploi de la force brutale sur la raison et le bon droit.

Sans accepter votre juridiction, que rien au monde ne peut nous faire reconnaître, n'avez-vous pas vu beaucoup d'entre nous se constituer volontairement, accourir au devant de débats depuis long temps attendus, les ac-
cueillir avec enthousiasme? C'est que nous n'en sommes pas moins prêts à
accepter tous moyens qui nous permettront d'expliquer au pays les motifs de
notre conduite, et lui rendre compte de nos actes.

Pourquoi tourner la question? il faut l'aborder franchement. Je comprends
qu'il en soit parmi nous pour lesquels le talent de l'avocat puisse suffire à les
disculper de certains faits dont l'accusation a été prodigue envers tous ; mais
encore, qui mieux que l'accusé connaît sa position, ses besoins, son intérêt?
qui mieux que nous peut en juger? Est-ce vous, messieurs, ainsi que vous le
dites? Nous n'avons qu'un mot à vous répondre : Merci.

Et d'ailleurs, quand il en serait ainsi pour quelques-uns, n'en est-il pas
d'autres qui, hommes politiques, ne sont ici que pour la confiance qui les
entoure, pour l'influence qu'ils ont? Eh bien ! ceux-là, qu'ont-ils à débattre
devant vous, sinon leurs doctrines, le droit qu'ils ont de les proclamer par
la libre discussion? Qui mieux que des frères politiques peut les défendre,
les justifier, ou plutôt garantir leur propriété, car la foi politique est une
propriété d'autant plus sacrée, que chacun est le libre arbitre de la sienne ;
il n'en doit compte qu'au pays, et non à vous.

Il y a peu de jours, j'étais encore fermement résolu à ne paraître ici
qu'apporté en lambeaux, tant que la libre défense ne serait pas admise.
Mieux avisé, j'ai pensé qu'avant d'en venir à cette dure extrémité, un
dernier effort devait encore être tenté pour l'éviter.

Oui, Messieurs, ma raison se refuse à croire que vous persistiez dans votre
arrêt du 5 mai, qui nous prive de la libre défense.

Après avoir violé ce principe d'humanité, *nul ne peut être distrait de ses
juges naturels*, violerez-vous encore celui non moins sacré : *nul ne peut être
condamné sans défense?* Non sans doute, je ne puis le croire.

Vous avez déclaré vouloir vous conformer à la jurisprudence des cours
d'assises, eh bien ! savez-vous comment elles entendent le principe de la libre défense? Ecoutez le considérant d'un arrêt récent de la cour d'assises de
la Loire-Inférieure : « Attendu que le droit de la défense est sacré, qu'il doit
toujours être large et qu'on n'a jamais le droit de le circonscrire, que le principe de la libre défense qui intéresse l'ordre public et même l'humanité, doit
toujours être respecté. »

Quel contraste entre ce considérant et votre arrêt!.. Non, vous ne le con-
firmerez pas, j'éprouve le besoin de le croire, Messieurs, vous, législateurs et
juges, vous ne pouvez donner l'exemple d'une pareille violation de principes,
ce serait une usurpation des pouvoirs judiciaires, je dis plus, ce serait un
crime !

Aussi ne pouvons nous rester plus long-temps dans cette position fausse, dans cette position précaire, chancelante et dangereuse. Cet état de choses ne peut durer davantage; il faut en finir, et pour nous et pour vous-mêmes. Il faut enfin que votre arrêt soit révoqué ou confirmé, et que chacun de nous connaisse bien sa position.

Le calme, la modération et la dignité de nos défenseurs comparaissant devant vous, dans le procès qui leur était spécial, ont dû vous convaincre combien ils étaient amis de l'ordre autant que de l'humanité. Il est aujour-d'hui une autre considération nouvelle qui ne contribuera pas peu à la révocation de votre arrêt. Alors, beaucoup de citoyens des départemens s'étaient généreusement rendus à notre appel, pour nous prêter l'appui de leurs talens; aujourd'hui, la plupart ne sont plus à Paris, et nous avons tout lieu de croire que vous ne nous accorderiez pas le temps nécessaire pour les obtenir de nouveau.

Or, messsieurs, vous sentirez plus que jamais, dans une cause de cette espèce, où il ne s'agit de rien moins que de sauver ou abattre des têtes : vous sentirez, dis-je, la nécessité d'accorder à la défense toute la latitude permise par la loi. La raison, l'équité, l'humanité même vous en font un devoir, autrement ce serait consommer une monstrueuse iniquité, ce serait plus que jamais nous replacer sur le même terrein, ce serait enfin nous mettre dans l'impossibilité d'accepter les débats; ce serait dire, messieurs, que vous reculez devant eux, et n'en voulez pas. (Mouvement.)

Songez que l'Europe a les yeux tournés vers cette enceinte; nous obligerez-vous après quinze mois de prévention, à demander notre réintégration dans nos cachots, quelque meurtriers qu'ils soient, à l'obtenir par tous les moyens possibles, quelles qu'en puissent être les conséquences, en attendant des jours meilleurs, des jours où la justice sera pour tout le monde.

Mais alors, si vous persistez dans votre arrêt, que vous importe notre présence aux débats, puisque nous vous déclarons n'y vouloir prendre aucune part, ne pas vouloir vous répondre, vouloir, au contraire, observer un mutisme complet et sévère? Condamnez-nous donc sur pièces, ainsi que vous l'avez fait pressentir, ce sera plus expéditif, et nous ne nous en plaindrons pas. Mais ne nous provoquez pas davantage à la résistance par cet emploi de la force brutale que l'on exerce sur nous.

Il faut que force reste à la loi, dites-vous. Oui, sans doute, nous sommes d'accord sur le principe; mais entendons-nous sur l'application; respectez-la donc, la loi, dans toutes ses dispositions; respectez-la dans ce qu'elle a de favorable à l'accusé comme dans ce qu'elle lui a de contraire.

Est-il habile à invoquer la loi, celui qui la viole incessamment? C'est ainsi qu'on travestit les mots par la chose, et qu'on arrive à ne plus rien respecter.

Convenez donc que dans ce qui se passe, comme dans tout ce procès fameux, *force reste à la force*, et non *à la loi*, convenez qu'elle est constamment violée. (Mouvement.)

Et je le prouve :

L'art. 243 du Code d'instruction criminelle porte :

« Dans les vingt-quatre heures qui suivront cette signification, l'accusé sera transféré de la maison d'arrêt dans la maison de justice établie près la cour où il doit être jugé. »

Or, je vous le demande, en quittant la prison d'arrêt de Lyon, devions-nous être déposés, entassés même dans cette prison mortelle de la Conciergerie? Quelle est la maison de justice de la cour des pairs, sinon celle préparée à grands frais pour cet objet, celle que nous occupons actuellement? Et pourtant nous venons de passer encore quarante jours dans la première. Dans la différence de l'une à l'autre prison, il y a plus que violation de la loi, il y a crime de lèze-humanité.

Je sais qu'on m'opposera votre arrêt du 6 février, qui en dispose autrement; mais depuis quand un arrêt fait-il loi lorsqu'il la viole?

L'art. 257 du même Code, combiné avec l'art. 378 du Code de procédure, n'ont-ils pas été violés par votre arrêt du 7 mai concernant l'accusé Guichard? Voici ces articles :

257. « Les membres de la cour impériale qui auront voté sur la mise en accusation ne pourront, dans la même affaire, ni présider les assises, ni assister le président, à peine de nullité.

» Il en sera de même du juge d'instruction. »

378, § 8. « Si le juge a donné conseil, plaidé ou écrit sur le différend, s'il en a précédemment connu comme juge ou comme arbitre; s'il a sollicité, recommandé ou fourni aux frais du procès; s'il a déposé comme témoin; si depuis le commencement du procès il a bu ou mangé avec l'une ou l'autre des parties dans leur maison, ou reçu d'elle des présens. »

Pour ceux-là, je n'ai qu'un mot à dire : Qui de vous s'est récusé? Et on ne cesse de présenter 93 pour effrayer les sots. Eh bien! vous, messieurs, vous faites plus que la Convention : elle décrétait l'accusation, mais elle ne jugeait pas.

Continuons. — L'art. 310 porte :

« L'accusé comparaîtra libre, et seulement accompagné de gardes pour l'empêcher de s'évader.

Est-ce volontairement, librement que nous assistons à vos audiences? Est-il besoin de plusieurs centaines de gardes pour nous conduire et nous garder ici? Les faits parlent assez haut; il n'est pas besoin de commentaires.

Ce n'est pas tout, messieurs; l'art. 327 est ainsi conçu :

« Le président pourra, avant, pendant ou après l'audition d'un témoin, faire retirer un ou plusieurs accusés, et les examiner séparément sur quelques circonstances du procès; mais il aura soin de ne reprendre la suite des débats généraux qu'après avoir instruit chaque accusé de ce qui se sera fait en son absence et de ce qui en sera résulté. »

Je vous le demande, quelle connaissance avons-nous de ce qui s'est passé ici depuis le 9 mai? nous a-t-on rendu compte oralement ou par écrit des débats qui ont eu lieu en notre absence? Non, rien, absolument rien. Cependant, jusqu'à arrêt contraire, il s'agit de complot. Tous les accusés sont solidaires, et vous les faites venir ici un à un; vous les interrogez hors la présence de leurs co-accusés; vous faites plus, vous entendez et renvoyez les témoins, sans savoir si l'accusé absent n'aura rien à leur demander. Est ce que les témoins de l'accusation n'appartiennent pas à la défense de chacun de nous? est-ce que nous n'avons pas le droit de les interpeller tous sur tels ou tels faits qu'il nous conviendra? Et pourtant votre arrêt sera souverain et sans appel. Je me trompe; il est un souverain juge ici-bas qui le flétrira: l'opinion publique! Nous l'invoquons; qu'elle prononce.

Je finirai mes citations par l'art. 554, qui trace les devoirs du président. Voici cet article:

« Le président déterminera celui des accusés qui devra être soumis le premier aux débats, en commençant par le principal accusé, s'il y en a un.

» Il se fera ensuite un débat particulier sur chacun des autres accusés. »

Je comprends que, dans ce procès, il n'y ait pas un principal accusé; il n'y a pas même de principal coupable; ils ne sont pas sur nos bancs, les vrais coupables, et c'est plus haut, beaucoup plus haut qu'ils siégent; déjà on a pu s'en apercevoir, et ce n'est encore là qu'un doute, à côté de ce que nous aurions fait connaître avec des débats réels. Mais prenant la procédure telle que vous l'avez faite, il y a des catégories, il y a des chefs de catégories; moi, qui vous parle, je suis dans ce cas; je suis le chef de la catégorie de Vaize; je dis plus, j'ai agi pour la république, je l'avoue sans regrets comme sans feinte et sans détour. je ne [nie jamais mes actes, tel n'est pas mon caractère. Eh bien! comment se fait-il que je sois interrogé le dernier de ma catégorie?

Je pourrais encore vous citer bien d'autres articles violés par vous. Mais je m'arrête, il faudrait presque vous citer le code tout entier.

C'est ainsi que, d'exceptions en exceptions, on tombe dans l'arbitraire le plus absolu, et que tout est monstrueux dans ce procès justement qualifié monstre.

Enfin, messieurs, serait-il temps de cesser les violences que l'on exerce sur nous, lorsque, cédant à l'indignation que nous éprouvons, lorsque, poussés à bout par les dégoûtantes manières d'un commissaire de police insolent, j'allais dire misérable, bien digne, au reste, du rôle qu'il joue, on nous amènera à changer notre rôle d'inertie et de non vouloir en une résistance violente, désespérée même, et peut-être sanglante, car, rappelez-vous ces paroles de l'illustre chef de la police, *on fera feu!....* Eh bien! qui peut prévoir les suites d'un tel système? on peut les craindre, mais non les prévoir. Est-ce là ce que vous désirez? je ne puis le croire.

Après avoir appliqué ou enfreint la loi, selon votre bon plaisir; après l'avoir mainte et mainte fois *violée*, c'est le mot, on s'est servi du mot tour-

*née* ; il est impropre : on tourne un ennemi redoutable pour l'attaquer, une difficulté pour la vaincre, mais on ne peut tourner la loi ; c'est un monument inattaquable qui commande le respect à tous ; on l'exécute ou on la viole, là du moins pas de juste milieu.

Eh bien ! messieurs, après l'avoir violée pour vous, respectez-la du moins dans ce qu'elle a de favorable, de protecteur pour la liberté individuelle de l'accusé ; respectez les dispositions de l'art. 310 du Code d'instruction criminelle, que je répète encore car je ne saurais trop vous les rappeler le cas échéant :

« L'accusé comparaîtra libre, et seulement accompagné de gardes pour l'empêcher de s'évader. »

Est-ce comparaître libre qu'être traînés garottés à votre audience ? est-ce comparaître libre qu'y être retenus violemment par la force ? est-ce comparaître libre enfin, qu'avoir des centaines de gardes pour quelques accusés ?

N'ayez crainte, messieurs, nous ne voulons pas nous évader ; deux gardes suffisent pour cent accusés, auxquels ils n'auraient qu'à servir de guides si la défense était libre. C'est une question d'honneur pour nous, et là où l'honneur est engagé, un républicain n'y manque jamais !

Ne nous exposez donc pas à voir couler ici notre sang avant condamnation, par la résistance que nous pourrions opposer, à l'exercice de la force brutale que vous employez pour nous contraindre à assister à une comédie judiciaire.

Messieurs, mon langage est franc et sincère, il est celui d'un homme qui se croit du cœur et de la conscience ; puissiez-vous le bien comprendre ; puissé-je vous convaincre qu'il est temps enfin de mettre un terme aux déplorables scènes qui se sont passées sous vos yeux et dans nos cachots, et qui ne peuvent que devenir plus violentes et plus dangereuses, je m'estimerai heureux d'avoir obtenu un semblable résultat.

Reverchon termine en lisant des conclusions motivées tendantes à faire infirmer par la cour son arrêt du 5 mai, ordonner que MM. Béranger et Garnier-Pagès soient tous deux admis, comme citoyens, à assister l'accusé dans sa défense, et dans le cas où la cour confirmerait cet arrêt, ordonner que Reverchon sera reconduit en prison et qu'il sera, en son absence et pendant toute leur durée, passé outre aux débats.

Le président refuse de consulter la cour sur ces conclusions. Reverchon prend de nouveau la parole et s'exprime ainsi :

Messieurs, je ne suis ni écrivain ni orateur ; c'est assez vous dire que je compte sur ma position seule pour commander votre attention.

Mais si la fortune m'a refusé les moyens de parvenir à l'expression de ma pensée, la nature m'a doué de quelques facultés, et je crois posséder autant que personne celle de sentir fortement ; toutefois j'espère me faire comprendre.

Ce que je vais dire, messieurs, je l'ai écrit, c'est vous dire que je l'ai réfléchi. Quel que soit mon langage, quoique médité dans vos cachots meurtriers, la haine n'entra jamais dans mon ame : il est des ennemis que l'on dédaigne, il en est d'autres que l'on plaint, il en est aussi que l'on méprise ; quant à moi, je n'en hais aucun.

C'est mû par le sentiment d'une profonde indignation que j'ai tracé ces lignes et que je prends la parole, non pour me défendre, vous n'êtes pas mes juges ; nous sommes vos ennemis, les ennemis du pouvoir que vous servez et encensez, de votre roi dit citoyen, du pouvoir de fait qui existe.....

LE PRÉSIDENT. — Accusé, je croyais.....

REVERCHON. — J'exprime ici mon opinion ; ce n'est pas de la propagande que je fais.

LE PRÉSIDENT. — Je croyais que vous auriez mieux profité de l'avis que je vous ai donné tout à l'heure. Les dernières paroles que vous avez proférées, et que je ne veux pas répéter, sont des paroles coupables... Ne les prononcez pas une seconde fois ; songez que vous devez respect au roi, au gouvernement ! Vous vous êtes servi d'expressions qui ne sont pas tolérables, d'expressions que cette cour ne peut pas entendre, et qui ne pourraient être entendues nulle part.

REVERCHON. — Je disais que j'étais ennemi du pouvoir, je ne cache pas ma pensée ; mais en même temps nous sommes partisans et soldats d'un autre pouvoir, d'un pouvoir naturel, du seul qui, selon nous, est légitime, qui a la raison et l'avenir pour lui : celui de la souveraineté du peuple.

Depuis quand un ennemi a-t-il le droit de juger ses adversaires ? ( Nouvelles rumeurs sur les bancs de la cour.)

En France, c'est à cette émanation d'une partie privilégiée de la société, qui du moins représente cette partie ; c'est au jury enfin de décider si nous avons eu tort ou raison de prendre les armes pour nous défendre contre une soldatesque effrénée, contre un pouvoir agresseur, contre un pouvoir né de l'insurrection, élu par une volonté dite nationale, puisque vous appelez la volonté de 249, volonté nationale, mais qui néanmoins, depuis bientôt cinq ans qu'il existe, s'insurge incessamment contre son origine.

Permettez un exemple : une animadversion profonde existe entre vous et moi ; attaqué, je me défends avec force. N'importe, je suis vaincu ; mais dans cette lutte acharnée, j'ai porté une atteinte grave à votre existence. Est ce vous qui me jugerez ?.... Non.

Eh bien ! Républicain, je suis votre ennemi, et je ne reconnais qu'à mes pairs, aux simples citoyens comme moi, le droit de me demander compte de ma vie politique ; tout autre est un ennemi, il ne peut me juger.

A quel rang qu'il appartienne, sous quelle dénomination qu'il apparaisse, je ne puis que le combattre, soit par les armes, soit par l'intelligence.

C'est ainsi, messieurs, que vaincu par l'épée, je ne suis venu dans cette arène que pour utiliser mes dernières forces et contribuer encore à la chute de l'ennemi commun : la monarchie. (Mouvement sur les bancs des juges).

Me défendre devant vous, messieurs, ce serait reconnaître implicitement votre juridiction ; je dis plus, ce serait reconnaître une cour prévôtale ; un républicain ne le peut, ni ne le doit, aussi n'ai-je jamais compris que telle fût ma position dans ce procès.

En demandant des conseils, ce n'était donc pas pour me défendre ; mais j'avais besoin de quelqu'un qui mieux que moi sût expliquer mes actes, développer ma pensée, exprimer mes vœux, et rien de plus.

Mes actions sont miennes, je n'en décline aucune, j'en accepte au contraire toute la responsabilité ; viennent des circonstances semblables, ma conduite sera la même. Seulement j'aurai acquis quelque peu d'expérience de plus et je saurai la mettre à profit. ( Rumeur des juges.)

En me constituant prisonnier le 1er janvier, je ne me suis donc dissimulé ni les peines ni les dangers qui m'attendaient, je suis venu les braver encore; je savais que j'exposais de nouveau ma vie. Croit-on qu'elle me soit plus chère aujourd'hui qu'alors ? Il est un homme au parquet qui, par ma ruine, a su, s'il en était besoin, me préparer à ce dernier sacrifice.

Je croyais qu'à ce prix, je pourrais du moins faire connaître à mon pays quel est celui qui vous parle, quel est cet homme que des aboyeurs de basse-cour osent appeler *chefs de brigands.*

Je me suis trompé, messieurs ; cela se comprend, je ne vous connaissais pas encore, je vous croyais meilleurs que votre institution.

Vous le savez, la confiance ne se commande pas, et vous nous refusez les conseils investis de notre confiance ; et pourtant en politique surtout, il faut qu'il y ait conviction commune, communauté de principe, de sentimens même, il faut qu'il y ait sympathies dans les idées ; il faut enfin que conseil et accusé soient identifiés l'un à l'autre, si je puis m'exprimer ainsi.

Je comprends à présent, messieurs, pourquoi vous n'avez pas voulu qu'il en fût ainsi ; c'est le revers de la médaille que vous avez craint. Il est des vérités que vous ne pouviez entendre. On peut bien avoir le courage de commettre une monstrueuse iniquité, mais on n'a pas toujours celui d'en accepter toutes les conséquences.

Il est des hommes parmi vous auxquels je pourrais dire : FF∴ et B∴ C∴ où sont vos sermens ? Hélas ! où sont ceux de tant d'autres ? Mais qui de vous ou de moi y est resté fidèle ? qui les a violés ?... Non, vous ne pouviez vous les entendre rappeler incessamment en face.

Ma conscience est pure à moi accusé, elle ne me reproche rien ! nobles juges !... aux vôtres.....

Vous avez craint que les rôles soient changés, que d'accusés nous devenions accusateurs; cette fois du moins vous avez eu raison ; cela prouve que quelquefois encore la raison habite avec l'un des pouvoirs de l'état. Le pays jugera la valeur de cette raison et l'usage que vous en faites.

Dans cette position inattendue, que nous restait-il à faire ? devions-nous descendre à disputer ici quelques gouttes de notre sang, quelques jours de notre existence? Non, non, ce rôle est indigne de nous; il y a long-temps que nous ne nous appartenons plus.

Représentans d'un principe, et placés sous le poids d'une accusation capitale, nous ne pouvions que protester à la face du pays contre de tels faits, contre un semblable abus de pouvoir, contre ce mépris d'un droit sacré, de ce principe d'éternelle justice en France : «Nul ne peut être condamné sans défense. » C'est ce que nous avons fait, c'est ce que je renouvelle ici pour mon compte ; l'histoire nous jugera, et avant elle, nos concitoyens.

Il en est parmi nous qui, naturellement confians en tout ce que la raison et l'équité commandent, croyaient encore, avec leur bonne foi provinciale, que du moins des débats auraient lieu, qu'une défense était encore possible. J'étais de ce nombre, Messieurs, je l'avoue; oui, j'espérais encore que sans les conseils non avocats nous pourrions accepter les débats, et dire au pays non seulement ce que nous avons fait, mais encore ce que nous voulions faire, et aussi ce que le pouvoir a fait lui-même, partant, ce que le pays pouvait attendre de nous tous. J'ai été bientôt et cruellement détrompé lorsque, foulant aux pieds tous les principes, méconnaissant tous les droits, violant toutes les lois, méprisant le droit des gens, vous avez interdit la parole même aux accusés.

Alors il n'a plus été donné à personne de douter de vos intentions. Alors seulement, je les ai bien comprises; alors aussi je me suis bien rappelé comment l'histoire contemporaine appelle certains arrêts de la cour des pairs.

L'avez-vous oublié, Messieurs, écoutez-la !..... (l'accusé montrant l'allée de l'observatoire) Voyez l'ombre du héros ! Entendez la voix de Ney : *C'est ici que je fus assassiné.*

Non, Messieurs, non, ce n'est point à la barre d'une chambre étoilée que nous comparaissons, ce n'est point devant une cour dite de justice, siégeant l'épée au poing, d'une cour qui, pour moi, simple citoyen, a une singulière analogie avec un tribunal militaire, d'une cour qui se place en dehors et au dessus de toutes les règles de droit écrit, de droit commun, de droit naturel; qui viole ou applique les lois selon son bon plaisir, et sans contrôle; ce n'est point à vous enfin que nous venions répondre : c'est à la France, c'est à l'Europe que nous devons et voulons rendre compte de notre conduite et justifier nos actes.

C'est aux peuples civilisés que nous, soldats républicains, voulons dire comment et pourquoi, un contre cent, nous avons pris plus ou moins de part à cette lutte inégale, à cette lutte qu'il n'a pas dépendu de nous d'empêcher et de prévenir, contre laquelle tous nos efforts ont été vains, parce que les fonds secrets portaient leurs fruits, ainsi que déjà vous avez pu vous en convaincre; à ce combat sans pitié comme sans honneur de la part de vainqueurs enivrés, de vainqueurs qui ont souillé leur victoire de tous les crimes.

Loin de moi la pensée de déverser une telle honte sur l'armée : ne savons-nous pas que, sous toutes les monarchies le soldat est une machine que le pouvoir fait fonctionner comme il l'entend moyennant quelques sous par jour?

C'est à ceux qui donnent ou obtiennent des ordres *impitoyables* que je m'adresse, c'est surtout à ces ministres sans honte et sans pudeur, qui, non contens d'avoir porté la dévastation et le massacre dans notre cité, viennent encore insulter ici à d'honorables infortunés au courage malheureux.

Et c'est en présence de semblables souvenirs, de semblables faits que l'on nous refuse une libre défense! que dis-je? que l'on nous rend impossible toute défense! Permis à vous, nobles pairs, d'être des sujets dévoués au maître que vous servez si bien. Il y a de l'habitude chez vous, vous en avez servi tant d'autres. Permis à des accusateurs publics, justement célèbres, de gagner leurs éperons en demandant cent soixante trois têtes. (Rumeur sur les bancs de la pairie.)

Mais quelle triste ironie que votre langage; c'est dans notre intérêt que vous nous refusez la parole, à nous accusés ; c'est sans doute aussi dans nôtre intérêt que vous nous tenez dans des cachots meurtriers, infects, humides et privés d'air; qu'après nous avoir ruinés par quinze mois de prévention , on nous donne pour toute nourriture des alimens que vos chiens refuseraient ; qu'aux tortures physiques de toute nature, vous ajoutez les tortures morales les plus ignobles ; et celles-là ne sont pas les moins pénibles pour des ames républicaines,

N'était-ce pas dans l'intérêt des habitans de Lyon que pendant les premiers jours de l'insurrection l'illustre général Aymar ordonnait la retraite aux troupes dans les forts pour incendier la ville, ou , pour me servir d'une expression devenue célèbre par l'horreur qu'elle inpire : *mettre Lyon dans le Rhône et la Saône.* (Mouvement.)

N'était-ce pas dans l'intérêt des habitans de la Guilletière que M. Perossier, alors commandant, faisait éclairer des feux, non sur la place, mais contre les magasins, et même dans une cour d'auberge où était déposé le mobilier de quarante malheureux ménages ? que pour un sabre pris à un caporal, il menaçait d'incendier cette ville ?

N'était-ce pas aussi dans l'intérêt de certains accusés que lors de leurs interrogatoires, pour les faire parler et obtenir d'eux des délations , on disait aux soldats : *Mettez-lui le sabre dans la bouche, et s'il ne répond pas, poussez!* (M. Chegaray garde le silence.)

On nie qu'il ait été exercé des violences pour faire parler les interrogés ? Qu'on demande donc à tous à l'aide de quels moyens on cherchait, non pas la vérité, les violences ne sont plus dans nos mœurs pour l'obtenir, mais pour obtenir des délations: faites appeler la fille Baritel, elle vous dira toutes les propositions honteuses, toutes les promesses fallacieuses qui lui ont été faites pendant huit mois qu'on l'a retenue en prison, sans autre motif. Mais on n'a rien pu obtenir de cette ame forte qui plus d'une fois a confondu ses interlocuteurs.

Faites appeler Montagnon , Mamy , et tant d'autres dont l'énumération serait par trop longue.

N'est-ce pas encore dans notre intérêt bien entendu que l'on demande cent soixante-trois têtes ?

Avez-vous oublié, messieurs les pairs, les dispositions de l'article 87 du code pénal, dont l'accusateur royal demande l'application contre les moins conpables d'entre nous ?

Faut-il vous rappeler que cet article se termine par ces mots sans appel : « Sera puni de la peine de mort ? »

Et on ose nous refuser une libre défense dans une cause où nos têtes sont en jeu ?

Et nous sommes cent-vingt que la main du bourreau attend sur la place de Grève ?...

Et vous appelez cela de la justice, dites donc de l'infamie !.... (Rumeur sur les bans de la pairie.)

Je m'arrête, messieurs, quelque impitoyable que vous soyez, l'innocence de plusieurs sera reconnue; comme aussi il en est qui n'ont rien à redouter de votre arrêt, leurs complices ne sont pas sur nos bancs....

Vous voulez nous juger sans nous entendre! Non! non, vous ne le ferez pas : vous pouvez nous condamner, mais nous juger, jamais ! je vous en défie.

A chaque tyran ses martyrs !
A chaque idole son holocauste.

Soyez donc conséquens avec vos principes ; malheureusement pour l'honneur du pays cet arrêt ne sera pas sans exemple dans l'histoire ; vous me comprenez, Messieurs.

Que peut-on attendre d'hommes sans honte comme sans conscience? avec de tels valets un pouvoir peut bien lancer ses foudres , choisir ses victimes ; mais il n'ébranlera jamais des convictions fermes, trempées au baptême républicain.

Messieurs, si j'avais besoin de nouvelles forces pour supporter jusqu'à la fin cette longue carrière d'adversités qui se déroule si péniblement devant moi, je les trouverais dans le langage d'un enfant de douze ans, d'un fils adoré, disant à sa mère en confondant leurs larmes: « Ce tyran de Philippe et ses valets, ils veulent tuer mon père ; ne pouvant le vaincre par les tortures, ils l'assassineront ; mais sois tranquille, maman, il mourra avec honneur comme il a vécu ; et je saurai le venger un jour... » Ce fils unique m'écrivait naguère lui-même: « Adieu, cher papa, te reverrai-je ?.... Courage et persévérance ; ton fils n'en manquera pas : l'avenir est à nous. »

Entendez-vous, nobles pairs, ces expressions prophétiques d'un enfant? Eh bien ! j'y crois moi ; oui, l'avenir est à nous ! La France indignée saura bien aux souvenirs de 89 et 1830, se lever encore comme un seul homme et chasser à jamais le dernier de ses rois. Tout me dit que cet avenir n'est pas éloigné. (Mouvement.)

Eh bien ! messieurs les accusateurs et jugeurs royaux, quant à moi je veux vous mettre à votre aise ; je vais soulager vos consciences d'un remord, assez d'autres les rongent. (Rumeur sur les bancs des juges.)

Il faut que dans ce monstrueux procès chacun prenne sa position franchement ; la vôtre est connue, c'est à nous à nous montrer ce que nous sommes. Pour bien juger, il faut avant tout que l'opinion publique connaisse, et ce n'est pas moi qui récuserai ce juge souverain, au contraire, c'est à lui et à lui seul que je m'adresse.

Déjà je l'ai dit ailleurs ; oui, j'ai pris part aux événemens d'avril à Lyon. Ce n'est point à vous que je parle, MM. les pairs, vous le savez, c'est à un autre juge. Or, je n'entends point pour cela prendre part aux débats. Ce point bien convenu, je continue.

Oui, c'est moi qui le 10 avril ai pris possession, non pas du titre de maire de Vaise, je n'avais que faire de ce titre, mais bien des armes et munitions qui se trouvaient à la mairie. Et c'est au nom d'un peuple en défense que je l'ai fait ; c'est au nom d'un peuple massacré, assassiné par ceux là même chargés de le protéger, de le défendre.

Oui, c'est sous l'influence de l'indignation que me causaient de semblables faits, que j'ai pris les armes. Je ne rétracte rien de ce que j'ai dit, je ne désavoue rien de ce que j'ai fait, je suis prêt à en subir toutes les conséquences. Mais vous, nobles pairs, hauts et puissans seigneurs d'une légitimité nouvelle, ayez donc le courage de nous entendre.

Ce ne sont pas seulement vingt trois fusils et trois gargousses qui me furent remis, ce sont quarante-cinq fusils et dix gargousses.

Oui, c'est moi qui ai établi la première barricade devant la maison de M. Damour ; c'est aussi là que douze à quinze hommes sans armes reçurent à Vaize, *et sans sommations aucunes*, le premier salut d'une compagnie de vos soldats.

Oui, c'est moi qui, voyant plus tard ma présence inutile à Vaize, suis allé à Lismonet désarmer le détachement du 7e léger venant à Lyon. Ce n'était là que le prétexte de cette course ; le but en fut manqué.

Mais que fit le maire de Vaize pour arrêter ou paralyser l'insurrection dans sa commune ? que fit-il surtout, ce magistrat, pour en prévenir ou atténuer les dangers ? savez-vous, messieurs, ce qu'il fit ? il se montra digne d'être décoré par votre roi ! Il se sauva et disparut. Il est mort, qu'il repose en paix !

Comment ! messieurs, celui qui se présente avec des principes d'ordre et de conservation, celui qui menace de mort quiconque se permettrait le moindre détournement, celui qui se nomme, enfin, et qui vaut bien son interlocuteur, celui-là fait peur, fait fuir ! Que le roi de votre choix tâche donc, lui aussi, de faire un meilleur choix dans ses administrateurs. Ce conseil en vaut bien un autre.

Eh bien ! M. le procureur général, sont-ce là *ces hommes que le bonheur commun irrite, que dévore une insatiable ambition, qui, dites-vous, marcheraient à travers tous les crimes, à la conquête d'une autorité qu'ils n'ont pas ?*

Est-ce ainsi que se présentent des anarchistes, des incendiaires, des pillards, des brigands enfin ?

Tels sont pourtant les noms dont certains personnages célèbres nous gratifient. Misérables ! ils font pitié.

Moi aussi je disparus le vendredi ; le moment est venu de dire pourquoi ; je le dois et je vais le faire.

Il n'a pas dépendu de moi d'éviter en avril, comme en février, cette funeste collision ; j'aurais tout sacrifié pour la prévenir ; je savais que c'était un infâme guet-apens tendu par le pouvoir, pour, comme il le disait, en finir avec les républicains ; nous savions que votre paternel gouvernement avait besoin d'une émeute pour obtenir de la peur des chambres de nouvelles lois restrictives de la liberté.

Mais tous nos efforts furent vains ; la police était parvenue à son but ; la collision était imminente. Toutefois on espérait encore que du moins quelques heures suffiraient, avec une garnison aussi nombreuse, prévenue depuis quatre jours, pour que tout rentrât dans l'ordre. MM. Aymar et Gasparin ne l'ont pas voulu, telles n'étaient pas leurs instructions.

Quant à moi, déjà frappé d'une double condamnation pour délits de presse, et suivant les conseils de quelques amis, je quittai Lyon dès le mercredi matin à six heures, et me rendis à deux lieues de là, dans ma campagne, afin de ne pas me laisser entraîner, par une imagination vive, dans un mouvement irréfléchi, dans une émeute de police.

Mais lorsque le mercredi soir, et le jeudi matin, il me fut impossible de rentrer chez moi ; quand je vis toutes les communications interceptées, quand je vis le combat plus violent et plus acharné que la veille ; quand je le vis engagé sur tous les points, je l'avoue, je donnai dans le piége ; je crus que tout ce qui avait des entrailles était aux prises ; je crus que les républicains avaient relevé le gant, accepté le défi. N'importe où je me trouve, mon devoir était alors d'aider au succès d'une cause pour laquelle je serai toujours prêt à tous les sacrifices, parce que c'est mon culte, c'est ma religion, et je la soutiendrai au péril de ma vie.

Toutefois, je ne tardai pas à savoir quelque peu de ce qui se passait à Lyon ; je sus que mes amis politiques restaient neutres, que des excitateurs occultes, entraînant avec eux quelques hommes de bonne foi, dont l'ardeur et le courage n'attendaient pas la réflexion, étaient les entreteneurs principaux de cette déplorable lutte.

D'autre part, j'avais remarqué autour de moi de ces figures suspectes, des hommes d'un enthousiasme frénétique, remplissant fort bien leurs rôles, car mes conseils étaient écoutés, mais non suivis. Déjà, d'ailleurs, leur présence a été avouée dans cette enceinte, et tout observateur impartial est à même de juger de quel côté est la moralité dans ces événemens, qui est responsable au pays des malheurs qui en sont les suites ; et pourtant ce n'est là qu'une ombre du tableau qu'avec la libre défense nous aurions placé sous vos yeux.

Alors je reconnus que mes vœux ne pouvaient encore s'accomplir ; alors je pensai que l'homme ne doit qu'utilement exposer ses jours, faire le sacrifice de sa vie, alors aussi je me retirai.

Voilà comment j'ai pris part aux événemens d'avril à Lyon ; voilà sommairement ce que j'ai fait ; voilà aussi comment et pourquoi je m'en suis retiré. Vous pouvez me croire, je n'ai donné à personne le droit de douter de ma parole.

Ainsi que vous le voyez, messieurs, je n'avais rien à vous taire, rien à dissimuler. Avec une libre défense, nous aurions dit, non seulement ce que nous avions fait, mais encore ce que nous voulions faire, comme aussi ce que le pouvoir a fait lui même ; nous aurions soulevé le crêpe qui couvre ces jours néfastes ; nous aurions déchiré le voile qui cache tant d'atrocités inouïes ; tout aurait été mis au grand jour, et chacun aurait emporté aux yeux du pays la responsabilité de ses actes.

Mais il est des vérités que vos oreilles ne peuvent entendre ; vos yeux n'auraient pu supporter la vue d'un semblable tableau ; vous ne tenez de la justice que le glaive ; dans vos mains c'est un poignard : frappez ! voilà ma poitrine. (Mouvement.)

Oui, nous sommes républicains, et nous le sommes de conviction ; nous savons que ce titre suffit à lui seul, pour que des misérables rêvent notre extermination, même dans les prisons. Eh bien ! qu'ils fassent feu sur nous ; mais qu'ils sachent du moins que nous mourrons honorablement.

Si nos têtes tombent, elles tomberont avec orgueil et fierté ; elles tomberont en répétant ce cri de nos consciences, ce cri qui exprime notre foi politique, nos vœux : *Vive la république !* (Sensation.)

C'est pour le peuple que nous souffrons, c'est pour lui que nous combattrons tant qu'il nous restera du sang dans les veines, c'est aussi pour lui que nous saurons mourir s'il le faut. La postérité nous jugera !

Vous ne direz pas, j'espère, que c'est là une défense ; toutefois, libre à vous, prenez-en à votre aise, messieurs les pairs. Ma tâche est finie : continuez la vôtre. J'éprouvais le besoin d'exprimer ma pensée ; puissé-je être bien compris. A présent, frappez si vous l'osez, frappez si surtout vous en avez le courage et la force, car je ne vois en vous que des cadavres.